AU PIRE, ÇA MARCHE !

Les Impliqués Éditeur

Structure éditoriale récente fondée par L'Harmattan, Les Impliqués Éditeur a pour ambition de proposer au public des ouvrages de tous horizons, essentiellement dans les domaines des sciences humaines et de la création littéraire.

Déjà parus

Jourdan (Joël), *300 ans à eux cinq*, récit, 2016.

Mbemba (Rudy), *Le testament socio-institutionnel du cardinal Emile Biayenda. Le sacre du M'pfumu mpu ou du chef à couvre-tête*, 2016.

Ben Charafaine (Mohamed), *Complaintes*, poésie, 2016.

Kembo (Dieudonné Mukundila), *Le pagne, une réalité socioculturelle africaine*, essai, 2016.

Mvone-Ndong (Simon-Pierre Ezéchiel), *Poétique de la médecine interculturelle : la sagesse*, essai, 2016.

Mvone-Ndong (Simon-Pierre Ezéchiel), *Poétique & ambiance du « être » dans la médecine causale*, essai, 2016.

Estivill (Jean), *Rue Barbès, banlieue sud*, roman, 2016.

Abbou (Akli), *Rendez-moi ma RDA !*, roman, 2016.

Swennen (René), *L'art de la mode*, roman, 2016.

Allala (Beaudour), *La petite Zohra rouge*, roman, 2016.

Ces dix derniers titres de ce secteur sont classés par ordre chronologique en commençant par le plus récent.
La liste complète des parutions, avec une courte présentation du contenu des ouvrages, peut être consultée sur le site :
www.lesimpliques.fr

Éric Groud

Au pire, ça marche !

Les sept clés de succès d'une entreprise

Les impliqués Éditeur

Ecriture en collaboration avec Aurélie Jeannin – La Petite Maison à Plumes
Mise en page : Christophe Poissenot – Dessine-moi un gangster
Relecture : Reine Bellivier

21 bis, rue des écoles, 75005 Paris

www.lesimpliques.fr
contact@lesimpliques.fr

ISBN : 978-2-343-11114-8
EAN : 9782343111148

À Benjamin et Sébastien, mes deux fils disparus.
À Laura, ma fille.
À ma famille.

À mes associés et collaborateurs de GESCO.

À mes collaborateurs et aux élus de la CCI de Maine-et-Loire et de la CCI des Pays de la Loire animée par Bruno Hug de Larauze avec lequel je partage beaucoup de convictions et d'émotions.

Aux collaborateurs de CCI France animée par notre président André Marcon, auquel je porte une profonde amitié.

« La planète n'a pas besoin de gens qui réussissent. La planète a désespérément besoin de plus de faiseurs de paix, de guérisseurs, de conteurs d'histoires et de passionnés de toutes sortes. »

Dalaï Lama

« On mesure l'intelligence d'un homme à la quantité d'incertitudes qu'il est capable de supporter. »

Emmanuel Kant

Sommaire

Propos introductif

« Dans la vie, il y a deux catégories d'individus : ceux qui regardent le monde tel qu'il est et se demandent "Pourquoi ?". Ceux qui imaginent le monde tel qu'il devrait être et se disent "Pourquoi pas ?" »

Georges-Bernard Shaw

J'ai défilé en mai 68. Moi aussi, je voulais refaire le monde. Avoir plus de liberté. Je voulais croire qu'un autre modèle était possible. D'autres règles. D'autres lois. D'autres maîtres, ou aucun. En réalité, ce qui me faisait vibrer n'était pas de tout envoyer valser ou d'afficher de l'opposition à tout prix. Ce qui me poussait en avant, c'était l'idée que des choses étaient possibles. C'était la posture intellectuelle consistant à s'autoriser à penser que d'autres façons de faire pouvaient être imaginées. Sous les pavés, je ne voyais pas de plage, mais des graines. Des possibles en puissance. L'idée que nous avions tous le pouvoir, et même le devoir, de nous interroger, de nous mettre en mouvement pour bâtir notre monde.

J'ai pris la parole. Pas pour moi, pas pour prendre de la place. Mais pour me faire la voix de. Être un porte-parole. Représenter. Être un relais. Cette voix a été celle du jeune délégué de classe, du chanteur dans un groupe de musique, du commercial chez Isover Saint-Gobain, puis de l'expert-comptable chef d'entreprise que je suis devenu, du professeur vacataire que j'ai été pendant trente ans à l'ESSCA.

Ensuite, elle a été celle d'un président, au Club des entrepreneurs d'Anjou puis à la Chambre de commerce et d'industrie de Maine-et-Loire où j'ai passé de formidables années de partage et de construction. Au sein de Synerga également, le groupement d'experts-comptables indépendants que j'ai créé, désireux d'associer autonomie et mutualisation ; j'avais gardé de mon passage dans un gros cabinet d'audit quelques clés de succès que je souhaitais partager et diffuser, même à une plus petite échelle : la qualité des méthodes de travail, la formation des collaborateurs et le contrôle qualité. Synerga regroupe aujourd'hui 80 cabinets en France et plus de 1 000 collaborateurs. J'y ai passé, en tant que fondateur et président, de belles années de partage dont je suis fier aujourd'hui.

J'ai une vie très riche et très dense. Une vie que j'ai choisie, jamais subie. Je fais de nombreuses et très belles rencontres. Toutes nourrissent mon parcours et ma vision. Je me suis mis à mon compte pour être mon propre maître ; des restes de mai 1968 sans doute… Je fais ce sur quoi j'ai basé toute mon existence et qui me fait toujours me sentir vivant : des rencontres. J'écoute des histoires, je suis des parcours. J'ai dépassé la seule notion de technicité – indispensable au demeurant – au profit d'une approche plus globale, orientée vers les personnes. Je place l'écoute au cœur de ma pratique. Confucius disait : « Je ne cherche pas à connaître les réponses, je cherche à comprendre les questions. » J'accompagne des personnes et des entreprises dans leur déploiement stratégique. J'ai découvert chez chacun de grandes qualités. Et j'adore cela.

Au sein de GESCO, la société d'expertise comptable et d'audit que j'ai co-créée, je me suis entouré de collaborateurs compétents qui, avec moi, ont choisi de construire.

Pour devenir un meilleur chef d'entreprise, je me suis formé, j'ai été coaché, j'ai voyagé, je me suis ouvert au monde autant qu'il était possible de le faire, je n'ai jamais renoncé. J'ai été pris dans un formidable mouvement qui ne m'a jamais laissé de répit mais que j'adore profondément. Un mouvement d'apprentissage, de découverte, de rencontre, de partage, d'action. Un vrai mouvement positif, qui produit plus d'énergie qu'il n'en consomme. Certains diront que je donne beaucoup, en m'investissant dans de nombreux réseaux, à l'ACREA, à la CCI. Mais s'ils savaient combien je reçois en retour. Jamais je n'ai considéré le travail comme une souffrance et la retraite, comme une délivrance. Pendant quarante ans, je n'ai eu que peu de temps à moi, peu de loisirs, mais j'ai pris beaucoup de plaisir et de satisfaction dans le travail. J'aime créer, inventer, imaginer, tester, innover. Par-dessus tout, j'aime agir. Avoir ce pouvoir sur ma vie. Peut-être est-ce là mon unique fierté ; avoir osé, avoir agi. Je sais que je dois beaucoup à mes parents, en Champagne-Ardenne, dans ce territoire laminé par les guerres, à cette vie de labeur dont j'ai hérité, mais que mes parents ont su transformer en énergie active plutôt qu'en destinée aliénante. Je suis le deuxième d'une fratrie de quatre enfants. À un premier, on donne sa place. Un deuxième doit la prendre lui-même. Cela m'a poussé à construire, à choisir, à agir. Voilà ce que pourrait être mon message : agissez ! Choisissez, faites, passez à l'action. Non, ne subissez pas, ne vous laissez pas entraîner, pétrifier, aliéner. Prenez votre destin en main ! Et j'ajouterai : ne vous plaignez pas. Insupportables et malheureux ceux qui ont fait de la plainte leur *credo*. « Le pessimisme est d'humeur, l'optimisme est de volonté », disait Alain. La curiosité et l'enthousiasme sont des armes redoutables dont chacun a le devoir de s'emparer. Pour ma part, je n'ai pas peur de l'avenir : « Pour ce qui est de l'avenir, il ne s'agit pas de le prévoir mais de le rendre possible » (Antoine de Saint-Exupéry). Ce n'est ni de la prétention, ni de l'aveuglement, ni de l'angélisme. C'est un choix de posture et de vision. Car j'ai la conviction que nous trouverons notre salut et notre voie, face à un monde excessivement complexe, mouvant et rapide, dans l'action, l'innovation et le partage. « Le monde du partage devra bien succéder un jour au partage du monde » dit l'expression. Nous n'avons plus d'autre choix désormais ; c'est dans ce mouvement que nous perdurerons. J'ose une injonction que je crois sincèrement salvatrice : libérez l'extraterrestre qui est en vous ! Osez !

En quarante ans de vie professionnelle dont trente-cinq en tant qu'expert-comptable, j'ai conseillé et accompagné plusieurs centaines d'entreprises, de toutes tailles, tous secteurs, tous styles. En 1995, je suis entré à la CCI de Maine-et-Loire. En tant que membre associé tout d'abord, aux côtés du président Bernard Rousseau, puis en tant que président de la commission entrepreneuriat. En 2000, le président Joël Blandin me propose d'être sur sa liste et j'entre au bureau. En 2005, je deviens trésorier. En 2010, on me propose de candidater à la présidence. Une nouvelle aventure formidable débute alors, qui s'achèvera cette année, en 2016, après un mandat d'exceptionnellement six années en raison des élections régionales. Des années gratifiantes et profondément enthousiasmantes. Je travaille avec des personnes d'une extrême compétence, autonomes et efficaces. Quotidiennement, j'agis aux côtés d'une équipe impliquée, soudée et solidaire. J'ai découvert le vrai rôle, actif, d'une CCI auprès de son environnement local, en faveur de l'emploi et du développement économique du territoire. Je découvre chaque jour d'incroyables histoires entrepreneuriales. J'ai le pouvoir de proposer et de mettre en œuvre des initiatives qui me tiennent à cœur ; je pense ici entre autres à la MCTE (Maison de la création et de la transmission d'entreprises), à Anjou Amorçage, co-créée avec Jean-Guy Sarrazin et Patrick Creuzé, à Mécène et Loire, la première Fondation d'entreprises, co-créée avec mon complice Stéphane Martinez avec Marie-Claude Monnier et Cyrille Laheurte. Je pense à mes vingt années de présidence au comité d'engagements d'Initiative Anjou. Je pense à l'apprentissage, cette vraie et belle « arme d'insertion massive », à ma participation à la commission mixte de rapprochement de nos trois CCI de Maine-et-Loire.

Durant mon parcours, inévitablement, j'ai aussi vu beaucoup de souffrance. Des relations sociales et professionnelles compliquées. Le labeur, la sueur. Une finance qui va à la finance et non à l'économie. Je vois des entreprises et des personnes souffrir. La lutte des classes, les conflits sociaux, l'extrémisme parfois de certaines postures, les ruptures technologiques et leurs conséquences sociales. Je vois et éprouve à quel point il est urgent d'apprendre à se réinventer pour continuer. Pas pour survivre mais pour vivre bien. Je ne peux m'empêcher de penser au label French Tech obtenu par Angers en 2015 ; quelle renaissance après les coups durs subis par l'électronique en Anjou ! Nous avons reconstruit, reconquis, recréé de l'emploi. Des voies de renaissance et de déploiement sont possibles. Plus que jamais, nous devons y croire et nous mettre en mouvement.

Je sais que pour certains, mon discours ne sera pas facile à entendre. Pourtant, j'invite les plus sceptiques à l'écouter car j'y crois, j'en suis convaincu, demain va être formidable ! Là encore, pas d'optimisme aveugle ou angélique, je connais trop notre réalité économique pour balayer d'un revers de la manche les chiffres qui, têtus et formels, nous assènent que tout va mal. Mais je sais aussi à quel point il peut être porteur de voir les mutations auxquelles nous faisons face comme des opportunités positives plutôt que comme des pièges inextricables.

Mes propos vous invitent à explorer ces mutations et les ressources que les entreprises sont en devoir de mobiliser pour, selon les cas, s'en sortir, se déployer, croître, durer. Je ne suis pas prospectiviste – et j'interroge aujourd'hui la capacité de quiconque à l'être dans ce contexte si mouvant. Je ne suis pas philosophe ou sociologue. Je ne suis pas non plus un prédicateur qui demande qu'on le suive les yeux fermés. Je suis un observateur et un accompagnateur. Je me suis appuyé sur mes expériences, mes rencontres, mes lectures et mes observations. Ma vision est empirique ; elle s'est construite sur une réalité que j'ai côtoyée en tant que chef d'entreprise et président de Chambre de commerce et d'industrie, au fil de ces années qui ont bousculé et malmené nos modèles sociaux, sociétaux, économiques, de façon globale et profonde. Nous ne pouvons ignorer les questions, voire les énigmes, que notre temps et notre monde nous posent. Nos entreprises ne peuvent fermer les yeux sur ce contexte qui façonne, fatalement, leur façon de faire du business, de manager, de se développer. Nous vivons une période de bouleversements équivalente à ceux provoqués en leur temps par l'arrivée de l'imprimerie, des machines à vapeur, de l'électricité. Il serait dangereux d'attendre que les vents soient de nouveau porteurs. Il faut agir, bouger, être conscient des nouvelles économies qui émergent. Jean Piaget disait : « L'intelligence, ça n'est pas ce que l'on sait mais ce que l'on fait quand on ne sait pas. » Nous avons le pouvoir, quoi qu'on en dise.

« Rien n'est à craindre, tout est à comprendre. »

Marie Curie

Avant toute chose, je tiens à clarifier l'intention de mon propos. Il est indéniable que je porte en moi, intrinsèquement, une énergie positive, optimiste et confiante. Et les idées que j'exposerai dans cet ouvrage iront dans ce sens. Pour autant, je ne nie pas les difficultés qui sont et qui seront rencontrées demain par nos entreprises et nos entrepreneurs. Je ne dis pas que changer et s'adapter est chose aisée. Ce que je dis, c'est que c'est indispensable et que c'est la voie de l'avenir. Cela nécessite des remises en question, des bouleversements, des abandons. Dans certains cas, cela pourra être long, compliqué, laborieux. Je n'ignore rien de tout cela mais, encore une fois, j'invite les sceptiques, les épuisés, les critiques et les fatalistes à s'interroger et à tenter de voir dans les crises qui les frappent, les opportunités qui s'y présentent aussi. Fussent-elles génératrices d'inconfort dans un premier temps. On peut penser que le e-commerce ou les grandes surfaces ont tué les commerces de centre-ville. Des chiffres nous y invitent et, à partir de ces simples faits, il n'est pas évident de considérer cela positivement. Mais j'ai vu aussi émerger de nouveaux modèles, des show-rooms, des magasins aux surfaces plus petites qui alliaient service humain et solutions numériques. Des adaptations sont indispensables. Il ne s'agit pas de regretter un âge d'or perdu, de pester contre des nouveaux facteurs qui bouleversent la donne, ni de s'en réjouir. Il ne s'agit pas de juger de tout cela mais d'en prendre conscience et de s'y adapter. Dans ce contexte, certains perdront, d'autres gagneront. Dans tous les cas, nous ne pouvons plus nous contenter de nos schémas binaires ancestraux.

Lorsque je me suis lancé professionnellement, c'était au moment du deuxième choc pétrolier. L'informatique, la téléphonie, le web étaient en plein développement et bousculaient les modes de fonctionnement établis. On parlait déjà de ralentissement et de crise. Notre époque ne fait pas exception, à la différence que tout va particulièrement et incroyablement vite. Les mutations se sont accélérées, le temps est raccourci. Le risque d'être dépassé est plus grand encore qu'avant. Dans ce contexte, les entreprises doivent savoir s'adapter, oui, mais aussi rompre s'il le faut, et passer à autre chose. Pour faire face à un monde qui bouillonne, les entreprises n'ont d'autres solutions que de se plonger dans cette effervescence créative qui les portera plus haut et plus loin. L'air ne passe pas dans une armée en rangs serrés mais dans ce désordre que l'on nomme aujourd'hui « agilité ». Et c'est vrai pour tous les secteurs d'activité. Je n'invente rien, c'est la règle même de la gravité : l'équilibre ne se trouve que dans le mouvement. C'est en agissant que les entreprises s'en sortiront. Sûrement pas en jouant l'immobilisme passif, aussi légitime et tentant soit-il de se blottir dans un coin en attendant que l'orage passe. Mais l'orage ne passera pas. Il est devenu structurel. Les facteurs clés de succès que je vais détailler dans cet ouvrage valent dans le contexte qui est le nôtre aujourd'hui, celui d'une mer démontée qui ne redeviendra jamais calme. « Rien n'est à craindre, tout est à comprendre », disait Marie Curie. J'ajouterai : tout est à construire.

« Le héros est celui qui revendique
sa responsabilité. »

Monique Canto-Sperber

J'évoque dans le titre de cet ouvrage la notion d'entreprise gagnante. Qu'est-ce qu'une entreprise qui gagne ? Qu'est-ce que le succès ? Est-ce gagner de l'argent, avoir un bon résultat, un chiffre d'affaires en permanente croissance ? Faire des affaires et gagner de l'argent n'a rien de honteux. L'important est de laisser l'argent à sa juste place, d'y voir un moyen. « Un homme est riche de tout ce dont on peut se passer », nous dit l'écrivain Henry David Thoreau. La réussite ne se mesure pas à la taille de son compte en banque. Le but en soi n'est pas de distribuer des dividendes. L'argent est utile pour se développer et durer. Dégager du résultat, c'est surtout se donner un maximum de chances de se développer et de traverser sans trop de dommages les années de performance moindre. Car personne n'évite les tempêtes en traversant l'Atlantique.

C'est là que je situe le succès d'une entreprise : pas dans le fait de créer, pas dans le fait d'amasser de l'argent. Mais dans le fait de bien faire et de durer. Le succès, c'est durer malgré les tempêtes et les mutations. C'est s'épanouir personnellement et professionnellement, créer de l'emploi, faire émerger des initiatives, des innovations. Le succès, c'est faire vivre une belle aventure aux autres, ses collaborateurs et partenaires, au-delà de soi.

Il n'y a pas d'entreprises gagnantes sans entrepreneurs et managers de qualité. Avoir des bons chiffres au moment du bilan est toujours faisable. Mais ça n'est pas durable sans relation de qualité. Sans hommes libres et audacieux, aucune entreprise ne peut se déclarer gagnante. Pour toutes ces raisons, il est évident que les clés du succès d'une entreprise ne peuvent être des leçons froides, théoriques, systématiques, que l'on appliquerait à chacun, avec la certitude de la réussite. Le succès d'une entreprise aujourd'hui dépend, comme hier, comme demain plus que jamais, des attitudes des hommes qui la composent. De ces managers qui ont à faire face à toujours plus d'incertitudes et de turbulences, à ces salariés dont on attend toujours davantage, à ces entrepreneurs qui osent lever l'ancre quand bien même la météo est incertaine. La question des hommes est au centre de mon propos. Parler d'entreprises gagnantes, c'est parler d'entrepreneurs, de managers, de salariés heureux, épanouis, alertes, agiles, audacieux. C'est parler de performance collective, de relations humaines, d'attitudes et de comportements. Plus que jamais, tel un héros, le manager a une responsabilité pleine et entière vis-à-vis de ses équipes.

« Quand le vent du changement se lève,
les uns construisent des brise-vent,
d'autres des moulins. »

Proverbe chinois

Je ne suis pas un doux rêveur. Je suis pragmatique. L'entreprise a sa responsabilité. Elle contribue à la vie de la Cité et à son attractivité. Elle doit revendiquer sa place au centre de la Cité, à côté de l'école, du théâtre, de l'hôpital. Car non, l'entrepreneur n'est pas un voleur. Pour que notre société aille bien, nous avons besoin d'artistes, de médecins, d'administratifs, de pilotes dans l'avion, de ceux qui mettent des gouttes d'huile pour enlever les grains de sable. Il faut réconcilier l'entreprise avec le monde.

Je repense à Didier et Serge, deux amis qui me sont chers et que j'avais réunis une année, à l'occasion de vacances. Pour Didier, Serge le chef d'entreprise était un tortionnaire sanguinaire. Pour Serge, Didier le comédien intermittent du spectacle était un fainéant. Ils ont accepté de s'écouter. Ils se sont raconté leur vie. Pour l'un, les pièces de théâtre à monter, les textes à apprendre, les salles à moitié vides ou à moitié pleines parfois, la concurrence. Pour l'autre, le chiffre d'affaires, les avions, la Chine, la concurrence aussi. Et ils ont compris que chacun, finalement, avait sa propre entreprise. Oui, leurs vies étaient aux antipodes l'une de l'autre mais ils aimaient le bon vin et le sport. Et l'un comme l'autre devait séduire, convaincre, se dépasser, composer avec l'incertitude et le stress. Ils ont su s'écouter mutuellement. Nous ne pouvons plus imaginer, encore moins espérer, nous en sortir seuls. Nous avons besoin les uns des autres. Et dans ce contexte de forte instabilité, la solidarité, l'écoute et l'adaptation sont capitales. Pour emmener du monde avec soi, il faut sourire et être positif. Nous sommes trop dans le cerveau. Nous devrions être davantage dans le cœur et les tripes. Le sourire, l'attention, le regard porté sur l'autre, l'écoute sont des vraies clés de changement. N'oublions jamais qu'un client n'entend qu'une chose : son histoire. Je ne crois pas à la vente pour la vente, pure et dure. Je crois à l'écoute. Un expert-comptable n'est pas un mathématicien qui jongle avec des chiffres. L'art de son métier réside entre autres à savoir comprendre l'évolution des chiffres, les rendre intelligents pour en tirer de l'utile. C'est aussi un observateur qui doit écouter, percevoir comment un chef d'entreprise fonctionne. Il doit apprendre à le connaître pour bien le conseiller. Certains créent parce qu'ils ont une revanche à prendre, d'autres parce qu'ils ont vu leurs parents entreprendre… Il faut sortir du froid du papier pour aller chercher l'humain.

Bien sûr, de nombreuses choses sont effrayantes, à titre individuel. L'actualité de ces derniers temps, la place que le terrorisme a pris dans nos vies, conduisent à redouter le pire. Pour autant, nous devons résister. Il nous faut faire la fête. Défier. Il y a toujours un deuxième rang derrière le premier. Il ne faut surtout pas baisser les bras. Il faut défendre nos valeurs démocratiques. « Porter la liberté est la seule charge qui redresse bien le dos » écrit Patrick Chamoiseau dans *Texaco*. Si nous voulons vivre dans un pays en paix, il faut y mettre de la tolérance. Il ne s'agit pas d'un idéalisme béat mais d'un calcul pragmatique, pour soi et pour ses enfants. Je crois que cette responsabilité qui est la nôtre vaut pour nos entreprises. Nous sommes responsables. Nous avons un beau rôle à jouer. Pour cela, il faut s'ouvrir, écouter, déceler ces signaux faibles qui frémissent et nous préviennent. Toutes les antennes doivent être dehors, radars à tout va ! Ma croyance, étayée par les médias, était que certains pays ont un plus fort développement que d'autres, l'Allemagne, l'Espagne, la Suisse. Pourtant, au cours de mes voyages et découvertes, j'ai pu observer qu'en réalité ce n'était pas à l'échelle des pays que la croissance était observée mais à celle de certains territoires dans ces pays. Pourquoi ? Parce que dans ces territoires précisément, il existe une co-construction de stratégie partagée. Un élan gagnant généré par le fait que tout le monde se met autour de la table pour travailler ensemble en faveur du développement du territoire. On se parle ! Notre pays n'a pas cette culture du dialogue social et du consensus. Or, nous ne pouvons pas continuer de nous ignorer les uns les autres, de travailler en silos en espérant sauver notre peau. En quarante ans, j'ai vu des entreprises gagner et j'en ai vu s'effondrer. L'histoire l'a prouvé à maintes reprises, même la plus grosse des entreprises, la mieux installée, peut avoir des revers si elle ne fait pas preuve d'écoute. Les dix entreprises leaders de ces vingt dernières années n'existent plus aujourd'hui ou ont connu d'importants revers. Parmi elles, IBM, Us Steel, General Motors. Kodak a essayé d'améliorer la bougie au lieu de créer l'électricité. Nul n'est éternel s'il ne s'interroge pas. S'il ne sait pas faire des contraintes des moteurs pour demain. Il faut craindre d'être dépassé pour se dépasser. Voir les crises comme des mutations et les problèmes comme des opportunités relève de notre responsabilité. C'est une responsabilité économique, pour relever notre pays et redonner la santé à l'emploi. Mais c'est aussi une responsabilité sociale. Dans notre contexte chahuté, des dérives sont possibles. L'identité fissurée est malmenée, les repères sont dissous. Il est important de réaffirmer certaines valeurs de base. Pour cela, il faut à la fois de l'optimisme et de la vigilance. Une vraie conscience, lucide, que la première place n'est jamais acquise, que ce ne sont pas les plus rapides mais les plus agiles qui gagneront. Cela invite à la remise en question. Cela offre aussi la liberté de croire que tout rebond est envisageable pour celui qui accepte de s'adapter. Dans cet univers incertain, il y a définitivement quelques fondamentaux : l'écoute, la solidarité, l'humilité, la collaboration, la transversalité. C'est ainsi que chacun, armé, saura traverser les tempêtes et faire le tour du monde à la voile en équipage. Cela commence par un pas. Puis, un autre.

Petit traité à l'usage des entrepreneurs et futurs entrepreneurs

Je détaillerai dans cet ouvrage les mutations auxquelles nos entreprises font face ainsi que les sept clés que j'ai pu identifier au cours de mes observations, accompagnements et expériences. Je ne fais pas œuvre de recherche ; il ne s'agira pas d'une thèse ultra-étayée, complète et absolue. Je vous invite à voir plutôt dans les pages qui suivent, une sorte de petit traité à l'usage des entrepreneurs et futurs entrepreneurs. Quelques recettes frappées au coin du bon sens et pourtant trop souvent négligées. Comme j'aime à le faire, je vais vous raconter des petites histoires, les histoires de celles et ceux que je croise quotidiennement, qui font face au succès comme à la difficulté, et que j'admire en tout état de cause, pour leur courage et leur audace. À travers eux, se dessinent des repères. Je ne veux pas donner de leçons, je préfère partager. L'entrepreneuriat est un chemin riche et dense ; il serait quand même dommage de ne pas mettre toutes les chances de son côté…

Mutations : sept opportunités

« On peut construire de belles choses avec les pierres qui entravent le chemin. »

Goethe

En 1989, la chute du mur de Berlin a consacré la victoire du modèle capitaliste. L'économie de marché s'est totalement et définitivement imposée, créant l'émergence d'un capitalisme mondial. Trois formes de capitalisme se sont dès lors affrontées. Le capitalisme anglo-saxon a fait la part belle à la finance, allant jusqu'à ignorer la place de l'homme. La finance au service de la finance. La crise des *subprimes* de 2007, le dépôt de bilan de Lehmann Brothers, les expropriations de personnes surendettées et les crises humaines et sociales qui en ont découlé invitent à s'interroger, bien sûr, sur l'intérêt, la durabilité et l'éthique d'un tel modèle. Le capitalisme d'État ensuite, avec les fonds souverains, plutôt en Russie ou en Chine, pose lui aussi la question de la marge de liberté et de manœuvre du citoyen, de l'Homme au sens large, dans de tels modes organisationnels… Enfin, le capitalisme familial, visible en Europe et en Amérique du Sud, qui offre une vraie place à l'Homme dans l'organisation. Nous connaissons tous de beaux exemples de ce type d'entreprises sur nos territoires. Face à ces modèles, ajoutons que la mondialisation a rebattu les cartes de notre atlas. Nos histoires et nos géographies se jouent sous de nouvelles latitudes désormais, et en des espaces-temps incroyablement raccourcis par la révolution numérique. L'information circule, s'empare du monde entier et change la donne. Nous devons regarder le monde différemment. Fini ce globe centré sur une France qui a l'Afrique à ses pieds... L'économie mondiale et ses flux se passent du côté du Pacifique désormais. Beaucoup de choses ont changé.

On le sait, le sens étymologique du mot « crise » est « décision », « faire un choix ». Le latin *crisis* signifie même « assaut ». Si la portée négative du mot a pris le dessus dans notre lexique français, évoquant les notions de tension, de remise en cause, nous ne pouvons ignorer cette source étymologique qui invite au mouvement. La crise peut être un passage vers autre chose, sans que l'on puisse nécessairement présager du caractère positif ou négatif de cette autre chose. À ces différents titres, je pense que nous ne traversons pas des crises mais des mutations profondes. J'en distingue sept : mutations climatique, énergétique, démographique, écologique, numérique, morale-sociale-sociétale et économique. Toutes, à leurs façons, ont un impact sur notre monde économique ; c'est vrai aujourd'hui, cela le sera sans doute encore plus demain.

Mutation climatique

Il y a cinq ans, je me suis rendu sur le glacier du Trient, en Suisse, dans la chaîne du mont Blanc. Une surface de six kilomètres de glace. Impressionnant. Encore plus impressionnant : la roche noire que l'on distingue désormais parfaitement. Il n'y a plus de glace. Il n'y a plus de glace et l'on plante des vignes au Royaume-Uni. Demain peut-être des abricotiers ! Le port islandais de Reykjavik pourrait devenir plus important que celui de Singapour puisque la fonte des glaces devrait à terme permettre le passage des bateaux en mer du Nord. Le 30 décembre 2015, il faisait zéro degré au pôle Nord. Le pic exceptionnel des températures lors de la canicule de 2003 devrait, selon des études et projections, devenir la norme de saison en 2030.

Ce réchauffement climatique que nous ne pouvons décemment plus ignorer pose de nouveaux enjeux et de nouvelles questions. Lorsque le Bangladesh sera sous l'eau, alors que le désert aura gagné du terrain ailleurs. Lorsque des populations entières, malmenées par le climat (tempêtes, inondations, séismes…) seront chassées de chez elles et frapperont à nos portes, quelles attitudes souhaiterons-nous avoir ? Comment gérer cette ruée vers l'eau qui se profile ? Si nous voulons équilibrer l'économique et le social, nous allons devoir faire preuve de bon sens. Passer du partage du monde à un monde du partage.

La raréfaction de l'eau, les terres submergées sur une partie du globe, les terres arides, désertiques et désertées sur une autre partie entraîneront des migrations de populations et, fatalement, des guerres. Des flux différents vont s'organiser, déstabilisant les modèles établis. La fonte des glaces génère déjà d'importantes métamorphoses de nos paysages. Le niveau de la mer grimpant réduit les plages alors que la neige en montagne se fait plus rare. Les impacts sur le monde du tourisme sont inévitables. Avec des pertes dans certains secteurs, mais des créations d'opportunités dans d'autres comme le tourisme urbain, rural et les parcs à thèmes. Des modes de vie et de consommation différents feront naître de nouveaux métiers. Le métier d'architecte, par exemple, sera amené à évoluer, pour répondre à des climats modifiés, des perspectives écologiques à intégrer, des populations de plus en plus âgées, des formats familiaux variés compte tenu de la part croissante des familles recomposées…

Nous devons accepter que ces changements climatiques entraînent des usages domestiques différents et aient des conséquences aussi bien sur nos vies privées que professionnelles, dans tous les domaines. Certains métiers sont amenés à disparaître, au profit d'autres qui émergent déjà. Cela a été vrai de tout temps, il faut en être conscient, avoir la lucidité de l'anticiper et le prévoir. Je réaffirme la nécessité de passer d'une logique créole de propriétaires à une logique métisse de partage, accueillante, ouverte, enrichissante. C'est vrai dans notre façon d'accueillir demain les réfugiés du monde qui sont déjà plus nombreux que les réfugiés politiques. Ça l'est aussi dans nos entreprises qui, pour faire face à d'autres mutations – sociales, sociétales, numériques… – déjà en route, devront apprendre à composer et à fonctionner différemment, de façon plus métissée là aussi, pluridisciplinaire, multicompétences. Les entreprises suisses sont un bel exemple dans ce domaine ; on peut compter dans certaines d'entre elles jusqu'à 24 nationalités différentes. Comment, en effet, espérer vendre et prospérer à l'étranger si on ne connaît pas les codes et les cultures des autres pays. Mais au-delà des origines, le métissage est aussi ce mélange de compétences et d'expertises. De plus en plus, les entreprises mixent des profils variés et complémentaires. Je reprends l'exemple des architectes ; ceux-ci ne sont plus seulement des concepteurs-constructeurs de bâtis. Leur métier prend désormais plus largement en compte les fonctionnalités qui englobent l'enveloppe bâtimentaire : l'énergie, l'électronique, la conception d'espaces paysagers… Leurs équipes sont fondamentalement métissées, pour une approche transversale et globale.

Mutation énergétique

Peut-on se réjouir ? La couche d'ozone est tellement polluée par les gaz à effet de serre que cela nous protège d'un réchauffement plus important. La pollution crée un filtre sans lequel les températures seraient encore plus hautes ! Biberonnés aux énergies fossiles, nous payons aujourd'hui le prix de notre logique comportementale de surabondance et de surenchère. Nous n'avons plus d'autre choix désormais que d'agir plus sobrement. Pour autant, je ne crois pas que se serrer la ceinture soit durablement envisageable. Nous ne devons pas entrer dans une logique de contrainte. Nous devons repenser intégralement nos modes de consommation énergétique pour inverser la tendance de fond. Le schéma « extraire/transformer/jeter » doit laisser place au schéma « réduire/recycler-réparer/réutiliser ». Il y a urgence à abandonner notre modèle de prédation et à passer à un comportement plus vertueux et plus sobre. Les entreprises doivent prendre leurs responsabilités dans ce domaine. Cela ne passe pas par une nécessaire grande révolution mais par des petits pas et des comportements quotidiens impactants. Je me permets ici de prendre l'exemple de mon entreprise ; deux collaborateurs volontaires se sont emparés du sujet énergétique. Après avoir analysé nos consommations, ils ont proposé et mis en place des actions concrètes et simples : enlever un néon sur deux, proposer des tasses marquées plutôt que des gobelets en plastique, changer certains radiateurs, utiliser du papier recyclé par des CAT. Cette démarche de responsabilité sociétale (RSE) représente des gains économiques pour l'entreprise, mais aussi des progrès sociaux et écologiques.

Au-delà de la question comportementale, le développement des activités de décarbonisation d'installations, dans le but d'abandonner les énergies fossiles, est lui aussi générateur d'un important développement de business. La contrainte d'une production moindre d'énergie ouvre un champ d'activités et d'opportunités économiques non négligeable. N'oublions pas ce chiffre édifiant : la demande en énergie devrait augmenter de 25 % d'ici 2040. D'autres énergies sont à trouver et à exploiter. Mais, aussi, prosaïquement, il est urgent de réduire nos consommations.

Mutation démographique

Les prévisions mondiales annoncent 8,5 milliards de personnes d'ici 2030. Nous étions 7,3 milliards en 2015. L'étude *World Population Prospects : The 2015 Revision* (Perspectives démographiques mondiales : révisions 2015) prévoit que l'Inde dépassera la Chine en tant que pays le plus peuplé de la planète d'ici sept ans et que le Nigéria détrônera les États-Unis au troisième rang d'ici 35 ans. Ce rapport révèle qu'entre 2015 et 2050, la moitié de la croissance de la population mondiale devrait être attribuée à neuf pays : l'Inde, le Nigéria, le Pakistan, la République démocratique du Congo, l'Éthiopie, la Tanzanie, les États-Unis, l'Indonésie et l'Ouganda. Cette concentration de la croissance de la population mondiale dans les pays les plus pauvres présente un ensemble de défis et rend plus difficiles la lutte contre la pauvreté et l'inégalité, l'éradication de la faim et de la malnutrition, et l'amélioration de la scolarisation et des systèmes de santé. Parallèlement à ces prévisions de croissance, un vieillissement important de la population est attendu dans les prochaines décennies dans la plupart des régions du monde, à commencer par l'Europe, où 34 % de la population devrait être âgée de plus de 60 ans d'ici 2050. L'urbanisation est un autre critère à prendre en compte ; 75 % de la population du globe vit en ville, dans ces espaces « où l'on apprend à s'ignorer ». Nos terres agricoles ne cessent de s'amoindrir ; l'équivalent d'un département français tous les sept ans. La principale espèce en voie de disparition n'est plus l'éléphant mais l'Italien du Nord ! Comprendre ces changements démographiques susceptibles d'advenir permet de saisir les défis et les opportunités qu'ils présentent. Il va falloir nourrir une population sans cesse croissante, avec des surfaces agricoles et des rendements amoindris en raison d'un usage raisonné d'engrais, accompagner des populations vieillissantes, loger davantage de personnes dans moins d'espace. D'autres modèles sont à imaginer. En termes urbanistiques et architecturaux mais aussi en termes d'aide à la personne et de service. Les seniors en bonne santé et autonomes souhaitent profiter de la vie, bien consommer, se faire plaisir. Les plus fragiles qui parviennent cependant à se maintenir à leur domicile ont besoin de services (ménage, livraisons de repas) et d'équipements idoines (domotique…). Les plus dépendants auront besoin de maisons médicalisées, d'espaces dédiés qui ne ressemblent plus à des mouroirs. Bien sûr, nous pouvons voir dans ce vieillissement de notre population une diminution de notre part d'actifs et toujours plus de retraites à financer. Ou des opportunités très importantes pour notre économie et nos entreprises.

Mutation écologique

Les mutations climatique, énergétique et démographique exposées plus haut amènent à la question plus globale de l'écologie. Reprenons les éléments de contexte évoqués : 8,5 millions d'habitants sur la planète, moins d'eau, la nécessité de préserver les terres encore laissées disponibles par l'urbanisation galopante. Il faudra moins arroser, utiliser moins d'intrants. C'est s'exposer nécessairement à moins de rendement. Pour une production qui doit augmenter, au regard de l'évolution démographique. Casse-tête ? Oui, si l'on cherche des solutions à partir de notre référentiel actuel. Opportunité si l'on casse nos schémas pour penser autrement. Albert Einstein disait justement : « Aucun problème ne peut être résolu sans changer le niveau de conscience qui l'a engendré. »

Les volailles, et les viandes blanches en général, ont un rendement meilleur et émettent moins de gaz à effet de serre que les bovins. Certaines plantes ont une capacité d'absorption des gaz carboniques supérieure à d'autres. Des nouvelles réflexions et explorations sont à mener en fonction de ces nouvelles données du monde. Au Canada, des toits d'usines, de centres logistiques et de supermarchés, représentant plusieurs centaines de mètres carrés inexploités, sont cultivés pour produire des fruits et légumes sur place. Sur certaines places de centre-ville, des jardins potagers ouvriers ont été créés. À l'INRA d'Angers, une nouvelle variété de poire a été conçue ; elle offre plus de rendement tout en étant plus goûteuse. Les cosmétiques comme les entreprises d'alimentation animale cherchent des alternatives aux produits chimiques et autres antibiotiques. En Anjou, certaines d'entre elles sont venues voir des viticulteurs bio pour étudier les vertus des pépins de raisin pour leurs préparations et organiser leur récupération. La réflexion écologique ne relève en rien du débat politique gauche-droite. C'est une réflexion globale, transversale, et à l'échelle du monde entier. Nous avons en commun d'être tous citoyens du monde et désireux d'y vivre de façon sereine, en bonne santé, le plus longtemps possible. Il faut partager le gâteau mais pas seulement ; il faut aussi l'accroître pour que chacun puisse bien vivre, et pour éviter certaines bagarres actuelles. Plus que jamais, dans ce contexte totalement revu, des opportunités existent pour créer son entreprise et réaliser son rêve, en cohérence sociale et morale.

Mutation numérique

La révolution numérique, rapide et très fortement impactante, a modifié nos façons de vivre, d'échanger, de travailler, de façon radicale et sans doute définitive. Pour les entreprises, elle représente un gisement de croissance et de compétitivité fort. Dans ce domaine, le potentiel de valeur en jeu est considérable, pour les entreprises et pour les consommateurs : la souris a accouché d'une montagne !

Cette mutation n'impacte pas que la dimension technologique ; elle a des répercussions sur les infrastructures, l'organisation, le management, la consommation, l'apprentissage. L'ère numérique impose aux entreprises de s'adapter, voire de se réinventer. Elle nécessitera de replacer le curseur au bon endroit : vers le client, dont les modalités d'achats, de consommation, de réflexion s'en trouvent totalement changées. Dans un monde où le savoir est à la disposition de tous, de nouveaux usages vont devoir être mis en place. Les capteurs et autres objets connectés ouvrent les champs technologiques et économiques de la captation de données, de leur stockage et de leur traitement.

Dans le domaine de l'éducation, dans celui de l'habitat, dans celui de l'énergie, le numérique a infiltré l'ensemble des secteurs, améliorant le confort, augmentant la fiabilité, renforçant la sécurité. S'il est parfois décrié (il nuirait aux relations humaines…), il n'est jamais vraiment remis en cause. Finalement, a-t-on déjà autant écrit et communiqué qu'aujourd'hui ? Dans un monde dont on peut regretter une forme de déshumanisation, pourquoi, là aussi, ne pas se réjouir de la communication facilitée ? Bien sûr, cela ne m'empêche pas d'alerter sur le risque potentiel de fracture générationnelle et territoriale. L'accès au numérique, s'il est majoritaire, reste inégal. Nous devons être vigilants pour ne pas ghettoïser, ni une frange de notre population, ni des espaces sur notre territoire. L'enjeu est de taille. Je suis conscient que le numérique a ses travers mais je refuse de crier avec la meute et préfère, comme pour le reste, prendre la mesure de la révolution et anticiper, dans nos entreprises, les changements qui vont nécessairement s'opérer.

Les mutations écologiques et numériques façonnent nos cerveaux et nos mondes. Elles sont puissamment impactantes. Subies sans réflexion ni discernement, elles peuvent paralyser l'action. Que faire de toutes ces données, de toutes ces interférences ? Des mutations de fond qui nécessitent non pas un changement, un jour, mais une adaptabilité permanente.

Mutations sociale, sociétale, morale

À l'élection présidentielle de 1969, j'étais tellement fier d'aller voter ! Il y avait alors quelque chose à honorer et pour mes parents, quelle fierté alors de me voir aller remplir mon devoir citoyen. Quelles déceptions lorsque j'ai eu l'occasion d'accueillir à la CCI ou de participer localement à des manifestations faisant intervenir nos élus nationaux. Des ministres malheureusement déconnectés de notre réalité, incapables de s'ouvrir au dialogue, d'accueillir l'échange. À chaque fois, il y a eu des cortèges de voitures et des dispositifs de sécurité impressionnants, des plannings tronqués, des temps d'échanges quasi absents ou tellement préparés que l'échange n'avait plus sa place. Je le regrette sincèrement et je me souviens avoir ressenti une profonde amertume face à l'échec de nos tentatives d'organisation de rencontres avec nos ministres pour partager une partie de la détresse de nos entreprises. Nous ne vivons pas dans les mêmes mondes… Même si la formule est facile et la critique tout autant, j'ai pourtant eu le regret de le constater.

Ne jetons pas le bébé avec l'eau du bain ; il existe tant d'élus investis et compétents. Mais ne nions pas non plus la crise de confiance qui s'est installée et qui se fait l'écho d'un système soucieux, pour ne pas dire malade. Alors oui, le sentiment ne cesse de se diffuser : tous les mêmes, tous pourris. Ils ne paient pas leurs impôts, ils fraudent, ils ne respectent pas leur compagne… Les cas, sans doute pas nouveaux, sont désormais montés en épingle dans les médias, partagés, surexposés. Il devient difficile de faire la part des choses et c'est dans les urnes que les conséquences sont les plus visibles. Ne pas aller voter fait le lit des extrêmes. Notre climat insécurisé, la recrudescence des actes terroristes qui frappent de plein fouet, directement, les citoyens ne viennent que renforcer un contexte déjà suspicieux.

À cette défiance politique vient s'ajouter une défiance médiatique. Les débats d'idées ont viré à l'agression. Je lisais dernièrement que l'on reprochait au journaliste David Pujadas d'être trop complaisant, parce qu'il posait des questions ouvertes ! Aujourd'hui, on n'écoute pas pour comprendre mais pour répondre. La défiance s'est propagée à l'entreprise ; celle-ci n'a pas bonne presse, les patrons sont ceux qui dégagent de l'argent sur le dos de leurs salariés et s'envolent grâce à des parachutes dorés à peine imaginables. En matière de consommation, pas mieux. On nous glisse de la viande de cheval dans nos hachis Parmentier, on nous ment sur les émissions polluantes de nos voitures… Le sport est devenu une école de la triche. Qui croire alors ?

Il me semble urgent de rebâtir la confiance. Pour cela, il faudra des preuves tangibles, de la transparence, il faudra accepter le dialogue, l'échange critique constructif. Renouer avec des formes nouvelles de proximité et d'authenticité. Car non, tous les politiciens ne sont pas pourris. Il y en a tant, dévoués et honnêtes. Non, les patrons ne sont pas des profiteurs sans scrupule, animés seulement par l'appât du gain. Il faut recréer de la confiance entre les politiques et les citoyens, entre l'économique et les citoyens, entre les médias et les citoyens. Il faut remettre l'entreprise au milieu du village. La replacer dans ses fonctions de création d'emploi, de génération d'épanouissement et de réalisation de soi, porteuses de valeurs. Je ne peux partager la pensée d'André Comte-Sponville qui affirme que les affaires sont amorales. Non, elles doivent être morales, jusqu'au bout des ongles. Vis-à-vis de ses clients, sa banque, ses partenaires, ses collaborateurs… On ne peut pas raconter de salades ! Ça n'est pas possible, et pas durable. Les nouvelles générations imposent leurs éthiques et morales : elles veulent du sens et des valeurs. Elles ne retourneront voter qu'à ce prix.

Nul ne pourra ignorer cette mutation sociale en profondeur. Nous avons plus que jamais besoin de cette génération qui ne redoute pas le changement et jongle avec l'innovation. Il est à ce titre indispensable de renouer avec un dialogue de fond, de remettre, au cœur de notre vie, le débat d'idées dans ce qu'il a de plus productif et positif.

Mutation économique

Conséquence directe de ces mutations diverses, notre économie connaît des bouleversements et des émergences. De multiples modèles sont désormais proposés aux entrepreneurs. Nous pouvons déjà en citer cinq. L'économie verte tout d'abord, corollaire immédiat de la mutation écologique évoquée plus haut. Les énergies renouvelables, les constructions écologiques, la gestion des fluides et énergies (eau, électricité, déchets…), les moyens de transport, l'agriculture sont autant de secteurs qui ont dû faire face aussi bien à des bouleversements pas nécessairement évidents à gérer qu'à des opportunités de développement.

L'économie de la fonctionnalité interroge nos propres modes de consommation, en les abordant sous les angles de l'usage. De quoi ai-je réellement besoin ? D'une voiture ou de me déplacer ? Le sens de la propriété se trouve fortement impacté par cette approche qui privilégie davantage le partage et la mise à disposition de ressources que leur stricte possession. La pyramide des besoins de Maslow ne correspond plus aussi justement à nos usages et modes de consommation.

L'économie circulaire a inversé la logique de cycle de vie du produit. Les produits que l'on possédait traditionnellement « du berceau au tombeau » sont de plus en plus nombreux à bénéficier d'une seconde (ou de multiples) vie(s). On pense à ces déchets qui deviennent matières premières. Le verre en est un formidable exemple. Le plastique, lui aussi, bénéficie aujourd'hui de secondes vies, par exemple dans les textiles. Il en va de même pour le papier qui, trié et récupéré avant qu'il ne soit froissé ou déchiré, peut connaître sept vies successives !

L'économie de la connaissance a fait elle aussi son apparition, dans la roue de l'économie numérique. Désormais, c'est celui qui détient l'information et qui sait la traiter qui détient le pouvoir. Avoir accès et maîtriser la connaissance est devenu un enjeu économique de taille. Tom Tom a acheté des données à prix d'or. L'application gratuite Waze propose aux conducteurs de placer leur téléphone sur leur pare-brise pendant qu'ils roulent et récupère ainsi leurs données en temps réel afin de connaître et mettre à disposition les informations sur l'état du trafic. L'utilisateur sert la communauté. Il n'est plus un consommateur passif. Il est devenu un usager acteur et actif, dans une nouvelle logique de CtoB (*Customers to Business*). Certes, certains crient au scandale. *Big brother is watching you !* Mais c'est encore penser avec d'anciens paradigmes. Aujourd'hui, le sujet n'est pas que l'on sache tout de vous mais que ce que vous savez soit utile au plus grand nombre, dans une logique collaborative globale et décomplexée. Le savoir n'est plus détenu par une minorité et uniquement descendant. Il est devenu éphémère et universel. L'iceberg s'est inversé. La partie privée, dissimulée, n'est plus la plus importante.

Cette révolution a créé cette économie partagée, participative et collaborative. Aux côtés des Waze, on trouve les Uber et autres AirBnB et Blablacar. Derrière ces nouveaux modèles économiques, une formidable intention de recréer le lien social et d'utiliser les nouveaux modes de communication numérique. Des démarches à encourager, sans aucun doute, mais à cadrer également. Si le marché et l'offre sont les mêmes, les réglementations sont aujourd'hui trop différenciées. Ces écarts génèrent de réelles situations de concurrence déloyale. Si vous n'êtes pas fiscalisé en proposant vos services via Blablacar, la plateforme Blablacar l'est en revanche. Il en va différemment avec des structures, comme Uber, qui proposent une offre commerciale pure, non déclarée, sur laquelle les gens ne paient pas d'impôts. Inévitablement, toutes ces économies nouvelles vont nécessiter des adaptations. Loin de moi l'idée de condamner ces initiatives qui émergent et sont la résultante d'un monde qui bouge fort et vite. Pour autant, face à un champ des possibilités élargi, de nouvelles règles doivent elles aussi émerger, en matière fiscale et juridique bien sûr, mais aussi organisationnelle et managériale.

Entreprise gagnante : sept clés

« Nous voulons de la place au soleil – C'est normal mon garçon ; alors fais du soleil au lieu de chercher à faire de la place. »

Jean Giono

Personne ne peut ignorer ces éléments contextuels qui façonnent notre monde, nos échanges, notre économie. Bien sûr, ces mutations, par définition, restent des mouvements sur lesquels il est encore difficile et prématuré d'avoir du recul. Pour autant, elles impactent déjà, chacun en est conscient, nos modèles économiques. Pour faire face et s'adapter, je propose ce que je nomme des « facteurs clés de succès » pour une entreprise. Des impondérables, observés et éprouvés dans le temps, qui, s'ils ne sont pas une recette absolue de réussite, représentent cependant des critères incontournables que nulle entreprise ne devrait négliger. Avant de les détailler, j'informe ici le lecteur qu'un préalable reste indétrônable : pour créer, quelques capitaux de départ sont toujours utiles ! De l'essence dans le réservoir pour entamer le voyage. Cela peut prêter à sourire, cela peut sembler nécessairement induit, pour autant, trop souvent, les entreprises sous-estiment leur capital de départ et en paient le prix fort. Dans ce domaine, la leçon est simple : partir avec un peu de capital et facturer dès que l'on peut. N'oublions pas qu'un chef d'entreprise n'est pas un inventeur du concours

Lépine qui cherche un coup à faire. Un entrepreneur investi est un aventurier qui tente une course de fond. Un systémier qui ne réussira pas nécessairement parce qu'il est le premier de la classe mais parce qu'il a eu une bonne vision de son environnement, de son contexte, qu'il aura su se poser les bonnes questions concernant la gestion de ses talents, sa posture de manager, qui aura su faire preuve d'autorité et d'humilité, d'humanisme, d'optimisme, de bon sens, de stratégie. C'est Winston Churchill qui le dit le mieux : « On considère le chef d'entreprise comme un homme à abattre, ou une vache à traire. Peu voient en lui le cheval qui tire le char. »

- I -
L’accessibilité

« Nous vivons dans l’incertitude avec des repères étincelants. »

René Char

Il serait candide d’imaginer que les dirigeants de grands groupes hôteliers aient choisi les entrées de ville pour implanter leurs établissements, par simple opportunité. Que les vendeurs de plaques d’immatriculation s’installent en face des préfectures par pur hasard. Les exemples peuvent sembler faciles. Pour autant, la logique devrait toujours répondre à ce bon sens. L’accessibilité et l’emplacement sont des questions stratégiques incontournables qui nécessitent une réflexion, une étude et une décision mûrement réfléchies.

Dans quel pays, dans quelle ville, où dans la ville, près de qui et de quoi ? Avec ou sans parking ? Avec ou sans le très haut débit ? Être visible, accessible, dans une rue passante ou pas ? Bien sûr, l’activité influera sur ces choix à faire. Personne n’ira jamais au restaurant routier « Chez Paulette » si Paulette ne propose aucun parking. Idem pour une entreprise proposant des livraisons ou du *drive*. *« No parking, no business »* dit la formule. La logique des flux, des liaisons routières et ferroviaires, autoroutières et aéroportuaires doit être savamment étudiée au moment de l'implantation, en fonction des besoins de l'activité et de ses perspectives de développement. À l'export ou pas, par exemple. Aucune entreprise, aucune activité, ne peut prendre le risque aujourd'hui, d'être oubliée.

Cet état de fait n'est pas uniquement valable pour l'externe. Il est aussi vrai pour l'interne. L'accessibilité des salariés est un vrai critère de qualité de vie au travail. Je ne peux pas ne pas penser à Jean-Dominique Senard, le directeur général de Michelin qui m'avait confié souhaiter que son entreprise ne quitte jamais Clermont-Ferrand, pour la qualité de vie offerte à ses collaborateurs.

Enfin, la notion d'accessibilité soulève aussi la question de la connexion numérique. Une entreprise pour qui il est difficile de recevoir et d'envoyer des mails ou de se connecter à Internet prend le risque de l'isolement. Aujourd'hui, cette donnée ne peut plus être anecdotique.

J'invite chaque entrepreneur s'installant à étudier et observer son environnement. Au-delà de l'accessibilité des axes de transport, de la facilité ou non à se garer, la présence d'écoles et centres de formation, comme celle de clusters et autres pôles de compétitivité, sont autant d'indicateurs permettant de jauger la pertinence du lieu de son installation. Bien sûr, cela n'est pas un gage de réussite absolue et totale mais il serait suicidaire de se priver de cette chance supplémentaire de succès. Nos entreprises n'ont pas toutes le destin incroyable d'un Las Vegas créé en plein désert.

- II -
L'ancrage territorial

« Ceux qui ne connaissent pas leur histoire s'exposent à la revivre. »

Elie Wiesel

« Donne à ceux que tu aimes des ailes pour voler, des racines pour revenir et des raisons de rester » (Dalaï-Lama). Oui, pour avoir des ailes, les racines sont indispensables. Des entreprises telles que Eram, Brioche Pasquier, Bodet, Rousselon, Restoria sont, en Maine-et-Loire, de beaux exemples de cet ancrage historique et identitaire qui a fondé une part de leur longévité et de leur performance. Une entreprise est féconde lorsqu'elle est ancrée quelque part. Elle doit cultiver son réseau, son histoire pour affirmer sa singularité et sa différence. Dans un monde global, nous le savons, les sursauts identitaires révèlent un besoin d'authenticité et de repères. De façon anecdotique, je pense ici au chanteur Eddy Mitchell qui avait demandé à ses agents de ne plus lui réserver d'hôtels dans des chaînes pendant ses tournées car il ne savait jamais dans quelle ville il se réveillait !

L'ancrage territorial est une vraie source de performance commerciale ; il y a les rillettes du Mans, les couteaux de Laguiole ou de Thiers, la confection et la mode dans le

Choletais, le cuir à Millau, l'horticulture ou l'électronique en Anjou. Certains territoires sont mieux armés que d'autres dans tel ou tel domaine. On pense plus naturellement à la Silicon Valley pour le numérique qu'à n'importe quel autre lieu. Dans un monde ouvert où l'on peut envoyer un mail aussi rapidement à l'autre bout du monde que dans le bureau d'à côté, il y a de moins en moins de différences. Il est important de rappeler les ancrages identitaires. Pas pour les opposer ni créer des espaces de repli mais pour signifier une histoire, un héritage, un savoir-faire.

Au-delà, cet ancrage est source de performance parce qu'il révèle une forme de compétitivité, d'expérience et d'expertise ainsi que de solidarité territoriale. Le développement d'un territoire repose sur l'établissement d'une stratégie partagée, impliquant les responsables politiques, les entrepreneurs, l'ensemble des parties prenantes, pour une mobilisation globale facteur de développement économique. Jean-Pierre Bodet, de l'entreprise éponyme, spécialisée dans la gestion de temps, l'horlogerie et l'affichage sportif, lorsqu'il a eu besoin de s'agrandir pour se développer, est allé voir le maire de Trémentines pour discuter et trouver des solutions partagées. La co-construction à l'échelle territoriale est définitivement un vrai facteur de performance. À Cholet, tous les industriels se sont regroupés et se sont serré les coudes lorsque la crise a frappé le textile. Les entreprises se sont regroupées pour atteindre le seuil limite permettant de bénéficier d'une cellule de reconversion. Il était impensable pour eux qu'un des leurs, Choletais, soit au chômage. En Vendée, on ne trouve pas de grosses capitales mais de nombreuses petites entreprises qui font ensemble. VM Matériaux a plus d'employés que d'habitants dans le village où elle est située ! Chaque commerçant, sur sa vitrine, affiche avec fierté l'événement fédérateur qu'est le Vendée Globe. On sent une solidarité et un mouvement collectif. Je ne peux m'empêcher d'être en colère lorsque je découvre dans un restaurant angevin, des sets de tables vantant les mérites du Futuroscope quand nous avons localement le premier parc à thème en Europe dédié au végétal, Terra Botanica ! Un chauvinisme de bon sens, mesuré et ouvert, est une arme redoutable qui n'exclut pas mais qui renforce l'identité et l'identification locale. C'est un grand levier d'attractivité.

L'ancrage territorial permet d'inscrire l'entreprise dans une vie locale porteuse d'énergie et de valeurs. Xavier Biotteau, le PDG de Eram, habite dans le même village que ses ouvriers. Ses enfants vont dans les mêmes écoles que celles des enfants de ses ouvriers. Il va à la même boulangerie. Difficile de ne pas être exemplaire… Il est un citoyen responsable de son territoire, il ne peut agir uniquement en termes financiers. Il est né quelque part. Lorsque l'entreprise Martin Bauer ferme des unités à Valanjou pour les regrouper sur son site en Italie, nous n'avons aucun pouvoir pour la retenir car elle n'est pas implantée en Anjou du point de vue de son identité ni de son histoire. Un territoire doit faire venir des entreprises pour générer un dynamisme local. Mais il doit aussi les aider à rester et à se développer. Dans le cadre de mes fonctions de président de CCI, j'ai rencontré des entreprises comme Lacroix, Bosch, Valéo, Thyssen, Thomson, Thalès ou Michelin. Toutes ont des renommées nationales à faire cohabiter avec des ancrages locaux. C'est là que nous, territoires, institutions, avons un rôle à jouer. Comme Gulliver, nous avons les moyens de créer ces petits liens qui ancrent une entreprise sur un territoire plutôt que sur un autre. En aidant au recrutement, à la formation, en favorisant la recherche d'emploi des conjoints, en faisant participer à la vie locale… Si ces grandes entreprises participent au rayonnement et à la compétitivité de notre territoire, par effet miroir, le territoire a lui aussi la responsabilité d'aider à ce que ces entreprises puissent durablement s'installer et se développer. C'est notre rôle fondamental.

Enfin, l'ancrage territorial, au même titre que l'accessibilité évoquée plus haut, est porteur pour le recrutement. À l'heure où la qualité de vie au travail est devenue essentielle, où la génération qui arrive sur le marché du travail est fondamentalement demandeuse de valeurs morales, d'authenticité et de sens, mais aussi d'un meilleur équilibre entre sa vie professionnelle et sa vie personnelle, pouvoir revendiquer son appartenance, sa fierté, sa cohérence est un levier supplémentaire de performance globale.

J'invite chaque territoire, chaque institution à revendiquer son identité, à mobiliser ses forces et à soutenir ses entreprises. En créant ces petits liens qui, discrètement mais sûrement, rattachent une entreprise à son territoire. Je les invite à identifier et cultiver leurs fondements identitaires sur lesquels se construisent leur performance et leur attractivité : pôles de compétitivité, réseaux d'écoles, clusters, jumelages, etc.

De la même manière, parce que la responsabilité est réciproque, j'invite les entrepreneurs à être fiers de leur territoire et à en devenir des ambassadeurs. Je les invite à étudier avec attention les ressources qu'un territoire peut leur offrir : ressources humaines, technologiques, cadre de vie, services associés, etc. Prenons exemple sur le monde gastronomique qui sait si bien faire dans ce domaine ; qui ne connaît pas les villes d'origine du nougat, des bêtises ou des cannelés ?

- III -
Le réseau

« Seul, on va plus vite. Ensemble, on va plus loin. »

Proverbe africain

L'ancrage territorial évoqué précédemment pose une verticalité indispensable à l'entreprise. Avec les réseaux, celle-ci va chercher de l'horizontalité et de la transversalité. Aujourd'hui, on ne peut plus durer en étant seul. La concurrence est mondiale. Pour être meilleur, il faut se regrouper. Pour grandir, il faut partager. Pour durer, il faut se soutenir. Définitivement, l'entreprise gagnante ne l'est pas seule. Cluster, associations, réseaux, filières, coopératives… Clubs de créateurs, Jeunes chambres économiques, CJD, CEA, APM, associations de métiers et de filières… Les réseaux sont des accélérateurs de performance qui contribuent à résoudre des problèmes, éviter certaines erreurs. Ils permettent de mettre en commun, faire alliance. Le partage contribue à avancer. Il permet une fertilisation croisée accélératrice de performance. Lorsque je me suis installé à mon compte, je souhaitais être autonome mais pas seul. Nous nous sommes regroupés entre confrères experts-comptables et cela a donné Synerga. C'est le modèle des coopératives ou commerces associés. Les autres sont une richesse. Ils ont à apporter et à recevoir de vous.

Se regrouper permet d'échanger, de partager des outils, des pratiques, des retours d'expérience, de se former, de grandir. Avec Synerga, je ne cherchais pas à être plus gros mais à être plus solide avant tout. J'ai ainsi pu rester indépendant sans pour autant être isolé.

Bien sûr, la masse crée de la visibilité. Les réseaux sont souvent bons pour le business. Dans ce domaine comme dans d'autres, il faut du temps pour construire et consolider la relation. On ne peut recommander un contact que si l'on est sûr de sa compétence. Le point de vigilance doit être à ce niveau, centré sur la personne et sa capacité à faire, non sur ce qu'elle représente.

Si le dividende peut être du business, il n'en reste pas moins que la logique de réseau vaut aussi, en toute simplicité, pour le plaisir de la relation. Moi, amoureux des rencontres, j'aime à partager avec les gens, à parler de tout et de rien pour mieux les connaître, apprendre d'eux. Pour grandir soi-même et faire grandir son business par la même occasion. Il est indispensable de passer du solitaire au solidaire. Le champagne, notre boisson la plus prestigieuse, n'est-il pas le fruit d'un savant assemblage ?

Certains opposeront à cette logique de regroupement, la question de la concurrence. Là encore, il me semble important de replacer la confiance au cœur de la relation. Je me souviens de ce cas d'un horticulteur hollandais qui avait le réflexe de téléphoner à ses confrères pour leur proposer de l'espace restant dans son camion de livraison à destination de la France. Au final, il réalisait des économies et en faisait réaliser à ses confrères. Il faut sortir de cette approche suspicieuse de la concurrence. D'ailleurs, a-t-on encore le choix ? L'ouverture et le partage ne sont-ils pas, tout simplement, une condition indispensable pour survivre ? Nous faisons face à de telles mutations et évolutions. Elles favorisent les connexions, les échanges. Le réseau aide à grandir, fait gagner du temps, provoque de l'émulation. C'est indispensable. Et pour les grands timides que la rencontre peut rebuter, sachez qu'il revient à chacun de trouver son mode. Dire « Bonjour, merci, au revoir » à la boulangère chaque matin est un premier pas !

J'invite chaque entrepreneur à rejoindre le réseau qui lui convient : associations d'entrepreneurs, réseaux d'affaires, réseaux de filières. DFCG pour un DAF, ANDRH pour un DRH, DCF pour un commercial. « Qui sort s'en sort ! » dit l'adage. Pensons à Daniel Costantini, élu meilleur entraîneur de handball de tous les temps, qui disait lors d'une conférence à Angers : « Champion du monde ou pas, un joueur évolue dans une équipe. Sans *ego*, chacun doit être au service de l'autre. »

- IV -
L'innovation

« Les sentiers battus n'offrent guère de richesse ; les autres en sont pleins. »

Jean Giono

Les entreprises qui survivent savent s'adapter au marché. Charles Darwin le disait déjà : « Ce n'est pas le plus fort de l'espèce qui survit, ni le plus intelligent. C'est celui qui sait le mieux s'adapter au changement. » Pourtant, l'innovation reste encore sous-estimée. Parfois même, réservée aux plus hautes sphères de l'entreprise, dans des services de recherche et développement dédiés, aux portes fermées à double tour. C'est là qu'est l'erreur. Si elle est un vrai gros sujet, l'innovation doit aussi savoir être un non-sujet. Entendons par là que l'innovation doit être intégrée dans l'entreprise, saisie par tous et chacun, faire partie intégrante du quotidien professionnel des uns et des autres, quel que soit leur poste, leur fonction ou leur place hiérarchique dans l'entreprise. Partout, tout le temps, tout le monde doit être dans ce bouillonnement. L'organisation militaire des *Temps modernes* de Charlie Chaplin doit laisser place à cette destruction créatrice qu'évoque Joseph Schumpeter : l'innovation est une force motrice génératrice de croissance économique sur le long terme. Schumpeter emploie l'image de l'ouragan perpétuel, symbolisant ainsi cet air qui doit circuler au sein de l'entreprise. Groupes projets, transversalité, souplesse, formations, salons, temps *off*… Les moyens sont variés ; l'essentiel étant de considérer que chacun, dans l'entreprise, est dépositaire d'un savoir-faire, d'une connaissance qui peut générer de l'innovation utile. Au-delà même de la polyvalence, ce sont l'ouverture sur l'autre, l'interrogation sur ce qui est important et utile pour chacun, dans son métier, à son poste, qui génèrent de la valeur ajoutée. Les portes de l'innovation s'ouvrent de l'intérieur, voire d'en bas. C'est celui qui fait qui sait. En matière d'innovation, aucune certitude donc ; les seules choses qui prévalent sont l'ouverture et la tentative.

Je crois aussi que nous vivons une époque incroyablement propice à l'innovation de rupture. Tout est possible ! Les accélérations et évolutions ne vont pas s'arrêter. Même les mouvements de décroissance sont générateurs d'innovations. L'entreprise doit être organisée pour générer du mouvement perpétuel. Elle doit savoir se remettre en question, faire évoluer son offre et son produit, s'interroger. C'est elle qui fait toute la différence, qui fait sombrer des entreprises du textile traditionnelles et émerger de grands succès dans ce même domaine mais sur le Net, qui fait fermer des imprimeries et exploser un site comme monfairepart.com. C'est elle qui mènera à leur perte des entreprises d'aspirateurs qui cherchent encore à améliorer leur produit. Quand des challengers réfléchissent à une façon de supprimer la poussière. Et donc de se passer d'aspirateurs. L'âge de pierre n'a pas pris fin par manque de pierres… On n'a pas inventé l'électricité en améliorant la bougie…

L'innovation peut être de deux sortes : incrémentale ou de rupture. L'innovation incrémentale ne modifie pas en profondeur le fonctionnement et le modèle existants. Elle ne se soustrait pas à la technologie ou l'offre dominante mais vient apporter une amélioration (fiabilité, confort, sécurité, rentabilité, efficacité organisationnelle...). L'innovation de rupture est plus radicale quant à elle. Elle bouleverse le modèle économique et les usages, voire la structure industrielle complète. Dans les deux cas, aucune place n'est définitivement acquise ; il n'existe que des opportunités d'innovation dont chacun est libre de se saisir ou pas. La révolution numérique est bien sûr venue bouleverser notre monde et générer une importante quantité d'innovations. Toute notre économie a bougé en conséquence. Nous sommes désormais incapables de dire quel métier fera un enfant qui rentre à l'école aujourd'hui.

Au-delà du numérique, les nouvelles économies détaillées plus tôt ont fait naître elles aussi des innovations. En passant d'une civilisation de l'avoir, à une civilisation de l'être, puis du bien-être, nous avons vu de nouveaux services apparaître, dont certains encapsulant complètement le produit. Mon garagiste-concessionnaire ne se contente plus aujourd'hui de vendre des voitures, les réparer, les entretenir. Si son modèle économique ne semblait présenter que peu d'évolutions possibles, il a pourtant su écouter son marché et s'adapter. Lorsque l'un de ses clients lui a demandé conseil pour son financement, il a su proposer une offre de service avec un crédit-bail auto et proposer un dossier de financement pour son client. Lorsqu'un autre client lui a demandé de bénéficier d'une voiture selon ses besoins, avec une mise à disposition occasionnelle, il a encore su s'adapter, proposer non plus seulement une voiture mais un moyen de se déplacer. Il a su regarder non pas seulement le produit qu'il vendait mais la valeur qu'il apportait, ce à quoi il pouvait être utile. Les exemples sont nombreux ;

je ne citerai pour finir que celui de cette entreprise française de fabrication de drapeaux qui, elle aussi, ne voyait pas comment, d'emblée, faire évoluer son offre. En analysant les modalités d'usage de ses drapeaux par les clients, cette entreprise a réalisé que les structures étaient montées et démontées très souvent lors des manifestations sportives, quotidiennement même dans le cas du Tour de France qui était un de ses clients importants. L'entreprise a développé un ensemble télescopique qui permet de ranger facilement le drapeau et son support. C'est son plus gros chiffre d'affaires aujourd'hui. Certes, ils sont plus chers que ceux de la concurrence mais les clients ont adopté le système car il rend service. L'innovation n'a pas été dans le drapeau mais autour. Dans le service. N'oublions jamais la phrase d'Albert Einstein : « La logique emmène d'un point A à un point B. L'imagination emmène partout. »

J'invite chaque entrepreneur mais au-delà, chacun dans l'entreprise, à son poste, à se demander ce dont son client a besoin, à interroger l'usage, à être attentif au monde qui l'entoure. L'innovation débute par un mouvement simple, presque enfantin, de curiosité, d'ouverture et d'écoute. Elle est à notre portée à tous !

- V -
Les talents

« Beaucoup de réflexion et non beaucoup de connaissances, voilà à quoi il faut tendre. »

Démocrite

Si les qualifications, diplômes, savoir-faire et autres compétences sont indispensables, elles ne sont pas suffisantes. Les comportements sont essentiels en entreprise : la capacité à écouter le client, à innover, à créer, à partager, à être concerné. À qualification égale, le comportement fait la différence.

Les entreprises qui sont les plus fortes et les plus performantes sont celles où il y a le plus d'entraide. L'entreprise a besoin de gens capables de faire équipe. Pour se développer, il faut s'entourer de gens plus intelligents que soi. Aujourd'hui, nous faisons face à un taux de chômage des jeunes élevé, surtout pour ceux qui n'ont pas de qualification. Certains métiers sont en tension et peinent à recruter ; c'est le cas de l'hôtellerie-restauration, la mécanique, la confection. D'autre part, le savoir ne se transmet plus par le discours mais par l'exemple. Il n'existe plus de « sachants » absolus auxquels se référer. La hiérarchie a été écrasée. La nouvelle génération n'est plus là pour recracher un savoir ingurgité, elle demande à comprendre le sens. Le savoir, quant à lui, est détenu par des sources d'information auxquelles chacun a librement accès avec simplicité. Aujourd'hui, parler de compétences ne se réduit plus à analyser des diplômes. La compétence nécessite, plus qu'avant, d'explorer le champ de la réflexion acquise, de la capacité à réfléchir, à créer. Nous ne cherchons plus tant des têtes bien pleines que des têtes bien faites. Montaigne l'avait parfaitement exprimé : l'enfant, le jeune n'est pas un vase que l'on remplit mais un feu que l'on allume. Prenons l'exemple de l'école 42, école d'informatique créée par Xavier Niel, le fondateur de Free. Ouverte à tous entre 18 et 30 ans, l'école accueille sans condition de diplôme, est 100 % gratuite, sans professeur, sans emploi du temps, sans examen, ouverte 24 heures par jour, 7 jours par semaine. Olivier Crouzet, son directeur pédagogique, affirme ainsi : « On peut être en échec scolaire et correspondre à ce qui est un génie en informatique. » Les entreprises qui sauront accueillir la nouveauté de ces générations Y ou Z au travail auront plus de chances de durer que les autres. Les métisses seront les gagnants de demain. Métissage des cultures, métissage des compétences, des âges…

La compétence consiste à savoir être attentif à son environnement et aux autres, à s'adapter, à savoir détecter les signaux faibles, à ne pas avoir peur du changement. Désormais, on ne fait plus la différence en étant celui qui en sait le plus mais en étant celui qui est le plus capable de s'adapter. Le succès des entreprises repose sur leur capacité à capter ces talents et à en faire quelque chose. « On se lasse de tout, sauf de comprendre », écrivait Virgile.

J'invite les recruteurs à oser. À faire entrer dans leur entreprise des personnes qui sachent se perdre, explorer, sortir des sentiers battus, proposer, créer. Une étude ne démontre-t-elle pas que les littéraires sont les meilleurs commerciaux ?

J'invite les managers à laisser sa chance à l'imprévu, à oser le métissage, la confrontation. À recruter la différence ! Ne prenez pas des clones. Et n'oubliez jamais qu'aujourd'hui, bien souvent, on intègre et on quitte une entreprise pour ses valeurs.

- VI -
Le management

« Si tu veux construire un bateau, ne rassemble pas tes hommes et femmes pour leur donner des ordres, pour expliquer chaque détail, pour leur dire où trouver chaque chose. Si tu veux construire un bateau, fais naître dans le cœur de tes hommes et femmes le désir de la mer. »

Antoine de Saint-Exupéry

Bâtir une entreprise agile nécessite de savoir la gérer comme telle. La place des managers est définitivement capitale lorsque l'on parle performance et durabilité des entreprises. Le manager est porteur de sens et donneur d'âme. Il doit être capable de faire travailler, dans la même équipe, pour le même objectif, des grands minces et des petits gros. Former une équipe gagnante, créer du mouvement et de la cohésion. Il donne le sens. Le sens crée le mouvement, le mouvement crée la cohésion, la cohésion révèle le talent. À l'inverse, le reproche tue l'envie et l'engagement. On se révèle dans un pack de rugby, pas dans une armée mexicaine ! On se révèle lorsque l'on est à sa juste place, lorsqu'il y a de la solidarité et de la confiance, de la cohérence entre les objectifs et les moyens, que l'on se sent porté, soutenu et valorisé.

Le chef d'entreprise est un capitaine. L'humain, ça n'est pas de la mécanique. On ne touche pas à la personnalité des gens mais à leurs comportements. Le rôle du dirigeant est de donner du sens, pas d'être le meilleur. Il doit composer une équipe, avec des leaders, des passeurs, des défenseurs. J'aime tant cette phrase de Ralph Waldo Emerson : « Une mauvaise herbe est une plante dont on n'a pas encore trouvé les vertus. »

Nous connaissons tous des entreprises avec des gens brillantissimes mais une ambiance déplorable. Où personne ne répond au téléphone qui sonne dans le vide parce que cela ne relève pas de sa fiche de poste. Dans un contexte d'ultra-compétition, on ne peut pas gagner sans cohésion. C'est l'entraide associée à la compétence qui fera la différence. Et c'est au manager de la révéler dans ses équipes. Une étude sur le management, réalisée par *Management Research Group,* a exploré ce qui fait qu'une entreprise est plus performante et durable que d'autres. Ça n'était pas le secteur porteur ou le QI du dirigeant qui faisait la différence mais son comportement. Six qualités étaient distinguées. Une approche centrée sur les résultats, des tableaux de bord et des indicateurs pour suivre l'activité. La capacité du dirigeant à communiquer, parler, expliquer, motiver. Son obsession de l'épanouissement de ses collaborateurs et son intérêt réel pour les personnes. Ses qualités en relations publiques, sa capacité à entrer en relation. Sa dimension humaine, y compris dans l'expression de ses propres émotions. Le dirigeant doit pouvoir et savoir dire sa peur, son bonheur, ses doutes, exprimer non pas tant sa vulnérabilité mais son accessibilité.

De nouveaux modèles entrepreneuriaux et managériaux ne cessent d'émerger. Ils sont le reflet d'une nouvelle société en chemin. Entreprise libérée, management agile, ou demain l'harmocratie. Les mutations du monde et celles de ses membres impliquent de nouvelles relations entre les personnes, au sein de toute organisation.

J'invite tout entrepreneur à se former, à prendre le risque d'être coaché pour réviser ses pratiques. Car l'entreprise gagnante est une entreprise qui a un cerveau mais aussi du cœur, des utopies, des rêves, des émotions.

J'invite tout manager à bâtir ces murs de Lego© qui font cohabiter agilité et solidité. À intégrer les membres de ses équipes dans une aventure globale, plus grande, qui dépasse le cadre de la mission. À faire de chacun, non pas un casseur de cailloux, mais un bâtisseur de cathédrale.

- VII -
L'obsession de la satisfaction client

« Un client qui achète fait un pas vers un rêve oublié ou inachevé. »

Christian Lemoine

C'est une règle d'or qui peut paraître commune. Et pourtant, il ne me semble pas inutile de la rappeler : il ne faut jamais perdre de vue son client. Le client est la seule personne qui peut licencier tout le monde, y compris le dirigeant, en allant acheter ailleurs. Un client satisfait vous fait gagner de l'argent. Un client qui se plaint vous aide à vous améliorer ; il est indispensable de savoir l'écouter. Les entreprises à succès sont celles qui sont les plus attentionnées avec leurs clients. Je pense à Jacques Courtin-Clarins qui disait : « Ne voyez pas dans chaque femme une cliente mais voyez dans chaque cliente, une femme. »

Il nous est tous arrivé de préférer un restaurant à la qualité un peu moindre qu'un autre mais au service irréprochable, à l'accueil parfait. « Le cœur a plus de mémoire que le portefeuille » disait Henri Kaufman. La différence se joue sur l'attention portée ; c'est une valeur ajoutée accessible à tous. Cela ne vaut-il pas le coup de s'y pencher, à l'heure où l'on cherche tous à se différencier de nos voisins, dans un contexte hyperconcurrentiel où tout est devenu comparable ?

Dans mon métier d'expert-comptable, nous avons tous les mêmes diplômes. Ce qui fait la différence, c'est l'écoute. Un client n'entend qu'une histoire, la sienne. Soignez celui qui vous paye. Ayez en tête que le client est roi ; pas tyran pour autant mais roi en notre pays. Comme l'évoque Ralph Hababou dans son ouvrage *Service gagnant* (éditions First, 2007), le client zappe, est infidèle, veut être unique, veut pouvoir se plaindre, être rassuré. Il veut qu'on lui simplifie la vie, sauver la planète et aider les autres. Oui, il est exigeant mais si vous êtes là, si vous avez créé, cela doit être pour lui, pas pour vous.

Les termes de « satisfaction client », trop souvent employés, ont perdu de leur force. Il faut leur redonner de leur superbe ! La première chose est d'écouter et de comprendre la problématique du client pour s'adapter et apporter les bons services. C'est la base. Prenons ce cas d'une grande compagnie aérienne qui décide de renouveler tout son parc d'imprimantes. Soit environ 1 500 imprimantes, incluant la suppression de modèles individuels dans certains bureaux. La compagnie aérienne lance un appel d'offres. Une grande industrie du secteur envoie directement sa réponse à la direction générale à Paris qui gère les grands comptes. D'emblée, elle propose 40 % de remise et compte bien ainsi remporter la mise. Face à elle, une petite entreprise qui pose des questions, essaie de comprendre, s'interroge. Des imprimantes individuelles remplacées dans certains cas par des modèles collectifs ? Cela ne risque-t-il pas de créer des résistances ? La petite entreprise propose d'organiser des réunions de sensibilisation pour expliquer la démarche. Elle fournit une petite notice pour chacun. D'autre part, une évolution législative concernant les entreprises aériennes intègre le personnel navigant dans la base de calcul de la taxe Agefiph, due par les entreprises qui ne respectent pas l'obligation d'emploi de travailleurs handicapés. La petite entreprise propose des encres recyclées et des partenariats avec des CAT pour permettre à la compagnie d'obtenir la déduction de cette taxe. Au final, la proposition de la petite entreprise est plus chère que celle du grand industriel qui a cassé son prix. Pourtant, elle remporte le marché. La compagnie a apprécié qu'on la questionne, qu'on analyse son contexte, ses besoins, qu'on la comprenne et l'accompagne dans ses mutations. L'écoute client n'a rien d'anecdotique. Ça n'est pas une vaine entreprise ou une perte de temps. C'est capital et stratégique. Encore plus dans un monde qui se digitalise. Lorsque l'opportunité de la relation existe, il faut s'en saisir, en tirer tout ce qu'il y a de positif. Je le dis souvent aux commerçants de centre-ville qui se plaignent du e-commerce : lorsqu'un client entre chez vous, vous avez une chance inouïe ! S'il rentre, c'est pour acheter parce que vous pouvez être sûrs qu'avant de venir chez vous, il s'est renseigné sur le Net. Ce qu'il vient chercher chez vous, ce qu'il n'a pas trouvé sur Internet, ce n'est pas quelque chose mais quelqu'un. Il veut être conseillé, rassuré. Il veut de la relation et de l'échange. Offrez-lui car c'est là que cela se joue. Cet état de fait modifie complètement le profil et le rôle des vendeurs. Plus experts, plus pointus, meilleurs conseillers, ils doivent apporter ce qui ne se trouve pas sur Internet.

Je citerai pour conclure, le film de formation britannique *Qui a tué la vente ?* ; l'histoire d'une entreprise en difficulté qui espère, avec l'obtention d'une nouvelle commande, redresser la barre. Le commercial est confiant. Pourtant, une série d'événements, tous mineurs, provenant de différents services, ternit l'image de la société peu à peu. Une nouvelle secrétaire fait épeler le nom de ce fidèle et gros client, il y a une erreur sur des livraisons, le livreur bloque la voiture du PDG, etc. Juste des incidents qui, isolés, seraient sans importance mais qui au final, font qu'il n'y aura pas de nouvelle commande. Lorsque nous sommes cinq personnes sur un projet, si chacune fait son travail à 80 %, cela donne un niveau de qualité de 36 % seulement ! Chacun ayant pourtant l'impression d'avoir (presque) bien fait son travail. La satisfaction d'un client dépasse la compétence. Elle concerne les comportements de chacun dans l'entreprise. N'oublions jamais cette recommandation d'Auguste Detoeuf: « Ne vous plaignez jamais du client à caractère difficile car il est la cause de vos progrès. Traitez les autres mieux encore: ils sont les raisons de vos bénéfices. »

J'invite les entrepreneurs à instaurer, dans leur entreprise, dès ses débuts, cette culture de la qualité et de la satisfaction client. Elle est une richesse qui fait une grande différence. Je les invite à instiller cet esprit d'attention, de bienveillance, d'écoute, de transversalité qui les mènera à répondre non pas à leur besoin, mais à celui de leur client.

De l'art

« L'art est la seule excuse de l'homme. »

Claude Nougaro

Si j'ai détaillé sept clés qui me semblent incontournables, je profite de ces quelques pages pour évoquer deux autres points qui me semblent, d'une autre façon sans doute, mais tout aussi importante, liés à la question de la performance (d'une entreprise, d'un homme, d'un territoire).

Je crois au plus profond de moi-même qu'il est urgent de réconcilier les artistes et les chefs d'entreprise. Je pense qu'il est urgent de remettre l'art au centre de nos préoccupations. Urgent de considérer que la créativité, quelle qu'elle soit, a toute sa place dans l'entreprise. C'est le sens de l'association Mécène et Loire, la première fondation d'entreprises, que nous avons créée. La première fondation d'entreprises française constituée de plusieurs membres fondateurs, œuvrant au soutien de plusieurs porteurs de projets dans des catégories différentes dans le domaine de l'art.

Christiane Rochefort, dans son roman *Encore heureux qu'on va vers l'été* (Grasset, 1975), évoque bien, à mon sens, la capacité créative naturelle de l'enfant. Cette plasticité décomplexée que l'éducation vient peu à peu rigidifier. Nos corps, comme nos pensées, sont raidis par les conventions.

Je pense que l'art est un espace de libération et de liberté, de création et de créativité, qu'il est urgent de réinvestir.

L'art interroge la place du beau dans notre société, la place de la gratuité et de la liberté dans nos vies. C'est une soupape qui permet de sortir du rationnel. C'est un pas de côté dont les entreprises ne peuvent plus se passer aujourd'hui. L'ouverture, la fantaisie, l'introspection que l'art offre sont des ressources fondamentales pour que l'entreprise et ceux qui la composent performent durablement. Nous ne pouvons plus nous passer d'inventivité.

J'invite l'entreprise à ouvrir ses portes à l'art, à renouer avec lui, quelle que soit sa forme. Sortez prendre l'art !

De la nature

« Ils sont (...) les fils de la chimère,
Des assoiffés d'azur, des poètes, des fous. »

Jean Richepin

Pour terminer, j'ose un pronostic : je pense que la société, au sens sociétal, qui survivra, et vivra mieux demain, sera celle qui reviendra à la nature. Je pense à ce poème de Jean Richepin, *Les Oiseaux de passage* :

Regardez-les passer ! Eux, ce sont les sauvages.
Ils vont où leur désir le veut, par-dessus monts
Et bois, et mers, et vents, et loin des esclavages.
L'air qu'ils boivent ferait éclater vos poumons.

(…)

Pour choyer cette femme et nourrir cette mère,
Ils pouvaient devenir volaille comme vous.
Mais ils sont avant tout les fils de la chimère
Des assoiffés d'azur, des poètes, des fous.

Ils sont maigres, meurtris, las, harassés. Qu'importe !
Là-haut chante pour eux un mystère profond.
À l'haleine du vent inconnu qui les porte
Ils ont ouvert sans peur leurs deux ailes. Ils vont.

Au-delà du sujet écologique, je pense que le modèle pérenne avec lequel nous devons renouer est un modèle fondamentalement plus frugal, plus authentique, dans la lignée du zen. La nature a toute sa place dans nos entreprises ; « Si nous prenons la nature pour guide, nous ne nous égarerons jamais » (Cicéron). Un modèle qui accepte que l'on chemine et que l'on se perde doit à mon sens être à nouveau proposé. L'entreprise n'est-elle pas l'espace idéal où explorer, laisser place à l'aventure ?

D'autre part, je crois sincèrement, et l'ai éprouvé concrètement autour de moi, qu'aucun entrepreneur ne tient sans soupape. Sans un environnement équilibré pour lui. Sans un bien-être fondamentalement salvateur. « La vie est trop courte pour que l'on soit pressé », écrit Henry David Thoreau. Il est fondamental et vital de s'autoriser à ouvrir grand ses poumons pour se réoxygéner, « sortir la tête du guidon », quitter nos câbles connectés pour renouer avec l'authenticité de la relation, pour renouer avec soi.

J'invite l'entreprise à redevenir sauvage ! Agile, rusée, l'entreprise gagnante sera celle qui assumera sa part animale, dans un écosystème où chacun a sa place. À l'image de ces animaux au bon sens inébranlable, sachant survivre, s'adapter, esquiver, se faire blanc lorsque la neige recouvre leur univers. J'aime l'idée de finir avec vous cet ouvrage en vous invitant à fuir les clapiers d'élevage pour redevenir libres. À « prendre des leçons dans la nature » pour paraphraser Léonard de Vinci. À ne pas être ces chevaux de club qui suivent ceux qui les précèdent. Mais ces chevaux sauvages sans limites. Osons des entreprises sauvagement humanistes. Laissons sa chance à l'imprévu !

« Je ne perds jamais. Soit je gagne, soit j'apprends. »

Nelson Mandela

Au commencement, j'ai mis ma plaque d'expert-comptable et j'ai pris tout ce que je trouvais. Les créations, les transmissions, les moutons à cinq pattes... J'ai donné des cours à l'Essca, l'école de commerce et de management d'Angers, pendant trente ans, en entrepreneuriat et en analyse financière. Je me suis beaucoup formé. J'ai été « soigné » de partout, conscient qu'au-delà du diplôme technique qui m'autorisait à pratiquer mon métier, je devais apprendre à recruter, animer, manager, me développer... J'ai fait appel à des professionnels qui m'ont accompagné pour être le moins mauvais, voire le meilleur. Dans de multiples réseaux, et entre autres à la Chambre de commerce et d'industrie, j'ai pu aller à la rencontre de centaines d'entreprises et d'entrepreneurs. Au cours de ma carrière, j'ai vu arriver le numérique et une génération Y qui ont, tous deux, bouleversé notre monde économique et notre relation au travail. Dans tout ce que j'ai fait, j'ai choisi de ne jamais rester passif. J'ai posé des questions, essayé de comprendre, j'ai observé. J'ai toujours aimé être au cœur du moteur. Au plus près du réacteur, là où le cœur bat. Car au-delà des leçons et conseils, il y a un guide fondamental qu'entrepreneurs, dirigeants et managers ne devraient jamais négliger : le cœur. Le plaisir à être et à faire avec les autres. Réussir, connaître le succès, bâtir une entreprise gagnante, puisque tel est le sujet de ce livre, c'est aussi aimer, prendre du plaisir, être heureux. « Seul ce qui est écrit dans le cœur d'un homme survivra aux ravages du temps » (Francis James Grimké).

J'ai eu à subir des coups durs et des revers, comme tant d'autres. Confiant et optimiste de nature, je n'ignore rien cependant de la souffrance et de la peine. Mais je sais aussi qu'il est indispensable de savoir reconnaître ses chances, celles de son parcours, de ses rencontres, de son territoire. Savoir se mettre en mouvement, toujours et sans cesse, pour sortir de l'impasse, pour ouvrir la voie, pour aller plus haut. J'y crois de façon absolue, mais au-delà, je l'ai observé et l'ai éprouvé.

Entrepreneurs, il faut profiter, au sens positif du terme. Nous avons une chance inouïe, chaque matin, de faire face à un champ de possibles et d'opportunités toujours plus grand. Oui, c'est incertain, c'est mouvant. Oui, nous traversons des mutations écologiques, économiques, sociales. Oui, il y a des crises de confiance, de valeurs, d'identité… Mais tout ceci constitue aussi de formidables opportunités de développement. Cela rend les choses possibles. Il faut savoir – et même apprendre s'il le faut – à saisir, le premier, ces opportunités. Il faut être à l'écoute de ce monde qui change car il ne dit que des belles choses ! Celui qui produira de l'énergie grâce à notre marche sur les trottoirs de la ville, qui nous dira ce qu'il reste dans notre réfrigérateur, proposera des recettes en fonction des dates de péremption, donnera une liste de courses pour compléter. Ce monde du partage, de l'intergénérationnel, ouvert et inventif. N'est-il pas merveilleux, ce monde de demain ? Ce monde en germe ?

Pour faire face à l'incertitude, des clés existent. J'en ai détaillé sept qui m'apparaissent incontournables mais j'invite chacun à trouver les siennes. Ses propres recettes pour performer et durer. La question du succès d'une entreprise pose une question sociétale bien plus large. Une entreprise est un lieu où l'on s'épanouit, où l'on grandit, où l'on peut être heureux. Au-delà des facteurs clés de succès d'une entreprise, c'est un plaidoyer pour une entreprise humaniste et optimiste que je vous propose. Passons de la masse à l'intelligence, du volume à la marge, du prix à la valeur d'usage, des hommes aux réseaux, du capital financier au capital humain, de la productivité à la créativité, de la compétence au talent, de la quantité à la qualité, du salariat au partenariat... Réapprenons à tenter, à oser, à féliciter l'initiative individuelle. Apprenons à voir cette chance inouïe du bouleversement, sans angélisme mais avec lucidité, confiance et préparation. L'audace n'est pas un « même pas peur » aveugle mais un risque calculé, anticipé. Oui, j'invite à oser sauter dans le vide, mais à partir du moment où l'on est préparé, entraîné, entouré, pour minimiser les risques.

Chers entrepreneurs, je vous invite à oser. À oser le métissage. À oser le mouvement permanent. À oser affronter l'incertitude. Il n'existe pas de long fleuve tranquille. Le bonheur est dans la nouveauté et le dépassement de soi, dans ce pas de plus qui fait sortir de sa zone de confort. La réussite est dans l'ouverture, le regard à 360 °, le cœur grand ouvert. Il est dans la main tendue, la solidarité, la curiosité, l'audace. Entretenez votre acuité, humez, sortez, découvrez. N'ayez pas peur de bouger, de changer. Dégustez la vie au goulot. Et ne croyez pas que le sol va cesser de tanguer. Marcher sur un sol en perpétuel mouvement fait gagner en équilibre. Personne ne tient en paniquant et en se tétanisant. Le mouvement crée de l'énergie. Alors, osons, bougeons !

« Faites que le rêve dévore votre vie afin que la vie ne dévore pas votre rêve. »

Antoine de Saint-Exupéry

Achevé d'imprimer par Corlet Numérique - 14110 Condé-sur-Noireau
N° d'Imprimeur : 134648 - Dépôt légal : décembre 2016 - *Imprimé en France*